박시백의 조선왕조실록

3

태종실록

일러두기

2024 어진 에디션은 정사 《조선왕조실록》을 바탕으로 한 이 책의 특징을 드러내고자
어진과 공신화에서 모티브를 얻어 박시백 화백이 새롭게 표지화를 그렸다. (표지화 인물: 태종)

박시백의
조선왕조실록

The Veritable Records of
the Joseon Dynasty

3

The Veritable Records of
King Taejong

태종실록

Humanist

머리말

외환위기가 한창이던 때였다. 어쩌다가 사극을 재미있게 보게 되었는데 역사와 관련한 지식이 너무도 부족한 자신을 발견하게 되었다. 그도 그럴 것이 젊은 날에 본 역사서는 근현대사가 대부분이었고, 조선사에 대한 지식이라고는 중·고교 시절에 학교에서 배운 단편적인 것들이 거의 전부였다. 당시 나는 신문사에서 시사만화를 그리고 있었다. 다행히 신문사에는 조그만 도서실이 있었는데, 틈틈이 그곳에서 난생처음 조선사에 대한 여러 책을 접할 수 있었다.

조선사, 특히 정치사는 흥미진진했다. 거기에는 우리에게 익숙한 수많은 역사적 인물의 신념과 투쟁, 실패와 성공의 이야기가 있었고, 《삼국지》나 《초한지》 등에서 만나는 극적인 드라마와 무릎을 치게 하는 탁월한 처세가 있었다. 만화로 그리면 재미있겠다는 생각이 들었다. 몇 권 더 구해 읽다 보니 한 가지 궁금증이 생겼다. 어디까지가 정사에 기록된 것이고 어느 부분이 야사에 소개된 이야기인지가 모호했다. 이 대목에서 결심이 섰던 것 같다. 조선 정치사를 만화로 그리자, 그것도 철저히 《실록》에 기록된 정사를 바탕으로 그리자.

곧이어 다니던 신문사를 그만두고 《국역 조선왕조실록 CD-ROM》을 구입했다. 돌이켜보면 참 무모한 결심이었다. 특정한 출판사와 계약한 것도 아니고, 《실록》의 한 쪽도 직접 본 적 없는 상태에서 작업에 전념한다는 미명 아래 회사부터 그만두었으니. 내 구상만 듣고 아무 대책 없는 결정에 동의해준 아내에게도 뭔가가 씌웠던 모양이다. 궁궐을 찾아 사진을 찍고 화보자료를 찾아 헌책방을 기웃거렸다. 1권에 해당하는 부분을 공부한 뒤 콘티를 짜기 시작했다. 동네를 산책하면서도 머릿속에서는 항상 그 시대의 인물들이 이야기를 주고받고 다투곤 했다. 어쩌다 어떤 인물의 행동이 새롭게 이해되기라도 하면 뛸 듯이 기뻤다.

　　마침내 펜선을 입히면서 수십 장이 쌓인 뒤 처음부터 읽어보면 이게 아닌데 싶어 폐기하기를 서너 번, 그러다 보니 어느새 1년이 후딱 지나가버렸다. 아무런 결과물도 없이 1년이 흘렀다고 생각하니 슬슬 걱정이 차오르기 시작했다. 이러다간 안 되겠다 싶어 100여 장의 견본을 만들어 무작정 출판사를 찾아가기로 했다. 그렇게 견본을 만든 후 몇 군데에서의 퇴짜는 각오하고 출판사를 찾아가려던 차에 동료 시사만화가의 소개로 휴머니스트를 만나게 되었고, 덕분에 다른 출판사들을 찾아가지는 않아도 되었다.

　　이 만화를 그리며 염두에 둔 나름의 원칙이 있다면 이랬다.
　　첫째, 정치사를 위주로 하면서 주요 사건과 해당 사건에 관련된 핵심 인물들의 생각과 처신을 중심으로 그린다.
　　둘째, 《실록》의 기록을 바탕으로 하면서 학계의 최근 연구 성과를 적극 고려하고 필자 스스로도 적극적으로 해석에 개입한다.
　　셋째, 성인 독자들을 주된 대상으로 삼되, 청소년들과 역사에 관심이 남다른 어린이들이 보아도 무방하게 그린다.

　　흔쾌히 출판을 결정해준 휴머니스트 김학원 대표와 책이 나오는 데 애써준 휴머니스트 식구들에게 감사드린다. 그리고 언제나 곁에서 응원해주고 적절히 비판해주는 아내와 사랑하는 두 딸! 고맙다.

2003년 6월

세계기록유산은 모두의 것이며,
모두를 위해 온전히 보존되고 보호되어야 하며,
문화적 관습과 실용성을 충분히 인식하여
모든 사람이 장애 없이 영구적으로 접근할 수 있어야 합니다.

The world's documentary heritage belongs to all,
should be fully preserved and protected for all and,
with due recognition of cultural mores and practicalities,
should be permanently accessible to all without hindrance.

—〈유네스코 '세계의 기억' 프로그램의 목표〉 중에서

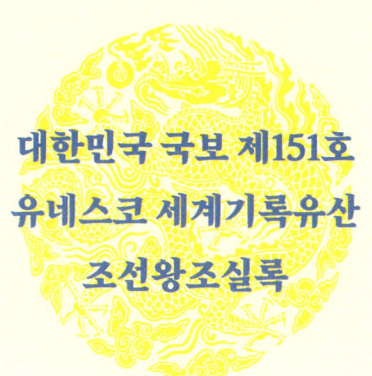

**대한민국 국보 제151호
유네스코 세계기록유산
조선왕조실록**

진실성과 신빙성을 갖추고
25대 군주, 472년간의 역사를 6,400만 자에 담은
세계에서 가장 장구하고 방대한 세계기록유산,
세계인이 기억해야 할 위대한 유산
《조선왕조실록》의 세계로 초대합니다.

차례

머리말 4
등장인물 소개 10

제1장 **전설이 된 태상왕**

이빨 빠진 호랑이 14
용서할 수 없노라! 22
부자 대결, 조사의 난 30
초라한 귀환 39

제2장 **사냥이 끝난 후**

정치 10단 50
시범 케이스 55
원경왕후 민씨 62
왕 노릇 못 해먹겠다? 70

제3장 **공신의 운명**

민씨가의 몰락 1 82
민씨가의 몰락 2 99
살아남은 공신, 하륜과 조영무 113
이숙번의 경우 124

제4장 **현실주의자 태종의 개혁**

왕과 대간의 관계　136
두 얼굴의 사나이　144
태종이 이룬 나라　150

제5장 **양녕과 충녕**

세자의 탈선　158
떠오르는 충녕　166
결정적 스캔들　174
세자를 폐하라　186
호랑이 등에서 내려오다　194

작가 후기　202
《태종실록》 연표　204
조선과 세계　208
Summary: The Veritable Records of King Taejong　209
The Veritable Records of the Joseon Dynasty　210
세계기록유산,《조선왕조실록》　212
도움을 받은 책들　213

등장인물 소개

태종 이방원
아버지 태상왕의 반란을 제압하고 공신들을 숙청해가며 강력한 왕권을 구축한다. 조선의 제3대 임금.

태상왕 태조 이성계

태종 비 원경왕후 민씨
왕이 된 남편으로부터 배신당하고 울분과 고통의 세월을 보낸다.

이거이와 이숙번
유배된 1등공신

무회 무휼
무구 무질

태종의 장인 민제와 왕권 강화 정책의 희생양인 네 처남

어리
양녕의 연인

양녕대군
태종의 장남으로
세자 책봉을 받았으나
계속된 비행으로
폐세자 된다.

충녕대군
태종의 3남으로
폐세자 된
양녕 대신 보위에
오른다. 세종.

하륜과 조영무
숙청을 피한 1등공신

황희

변계량
최고의 문장가

심온
충녕의 장인

조사의
태상왕과 손잡고
난을 일으켰으나
실패하고 참수된다.

김한로
양녕의 장인.
사위의 탈선을
방조한 혐의로
유배된다.

박은

남재

성석린

건원릉
태조의 무덤. 아홉 개의 조선 왕릉으로 이루어진 동구릉에 있다.
태종은 고향을 그리워한 아버지를 위해 태조의 고향 함흥에서 흙과 억새를 가져다 덮었다.
경기도 구리시 인창동 소재.

제1장

전설이 된
태상왕

이빨 빠진 호랑이

태종 이방원!

당대 최고의 인물들을 물리치고 오늘에 이른 그다.

아직 젊은, 서른네 살의 나이지만 산전수전 다 겪은 노련한 정치가다.

그동안 정국의 불안 요소였던 사병 문제도 세자 시절에 이미 정리했고

이에 반발했던 조영무 등도 이제는 완전히 꼬리를 내린 상황.

신이 어리석었나이다.

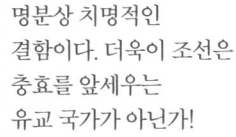

*등극(登極): 가장 높은 자리에 오름. 임금의 자리에 오름.

변발을 한 동북면의 촌놈에서 전쟁 영웅, 재상을 거쳐 마침내 나라를 세워 만인지상의 임금이 되었다가, 하루아침에 모든 것을 잃고 물러나야 했던 태조 이성계!

변화된 현실을 받아들이기가 얼마나 힘들었을까?
태상왕이란 그럴싸한 존호를 받았지만 허울뿐이었다.

태상왕
太上王

옛 신하들은 인사조차 오지 않고

나라의 중대사들이 자신과는 의논 한마디 없이 결정된다.

짐 싸시라는데요.

응? 왜?

개경으로 다시 도읍을 옮긴답니다.

태상왕으로 물러나 6개월 남짓 지났을 때다.

이… 이놈들이…

내가 어떻게 읽은 한양인지를 빤히 아는 놈들이 어떻게?…

제1장 전설이 된 태상왕 17

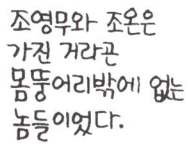

권력을 잃은 허탈감이나
옛 신하들에 대한 배신감보다

더 견디기 힘든 건 역시
슬픔이었다.

아무리 잊으려 해도
잊히질 않는구나!

마음을 달래려 틈나는 대로 절을 찾았지만
별 소용이 없었는지

방번아!
방석아!
부인!

견디기 힘든 슬픔은 분노로 바뀌어갔다.

용서할 수 없노라!

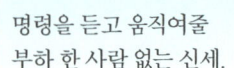

움츠러들었던 어깨가 펴지고 목소리 또한 커졌다.

소요산으로 금강산으로 다시 오대산으로……. 태상왕은 좀처럼 개경에 머무르려 하지 않았다.

얼마 전까지만 해도 신료들이 나서서 민폐가 되니 어쩌니 하며 행차를 가로막곤 했는데 찍소리도 없는 걸 보니

민심이 무섭긴 한가 보지?
히죽

태상왕이 가장 많이 머무른 곳은 소요산. 절 옆에 아예 궁을 지어 머물렀다.

그러나 날마다 부처를 대해도 분노는 식지 않았던 모양이다.

부자 대결, 조사의의 난

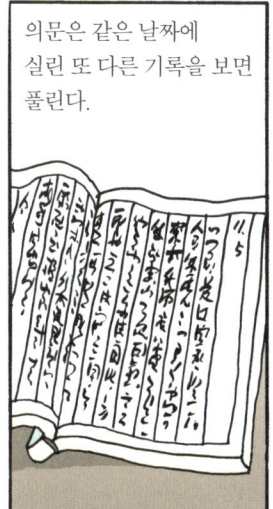
의문은 같은 날짜에 실린 또 다른 기록을 보면 풀린다.

이 사람은 안변 부사, 조사의! 죽은 현비 신덕왕후의 친척이다.

1차 왕자의 난이 끝나고서 정도전 일당으로 몰려 하옥되었다. 그러나 곧 사면된 것으로 보아 거물은 아니었던 모양이다.

그가 신덕왕후의 복수를 명분으로 반란을 일으켰다는 것이다.

오아아

역적들을 타도하고 현비마마의 원수를 갚자!

주변 고을들에 사람을 보내 합류를 독려했는데 호응이 커서

좋소! 함께 하겠소.

삽시간에 반군은 1만여 명에 가까운 대부대가 되었다.

둥둥둥둥둥둥둥……

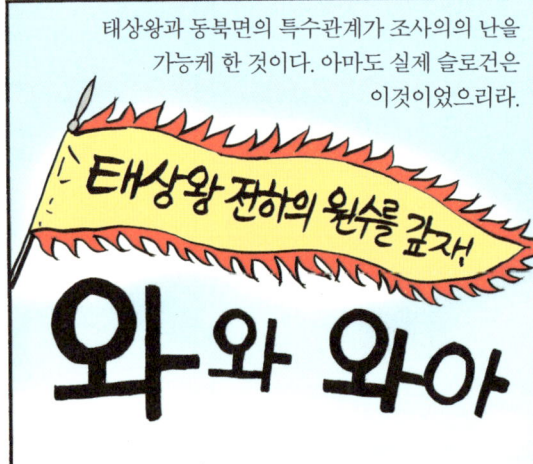

초라한 귀환

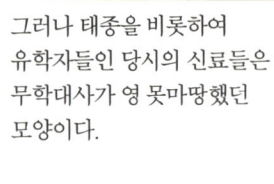

귀환한 뒤로도 태조는 6년을 더 살았다. 1408년 5월 24일 눈을 감으니, 향년 74세였다.

아바마마

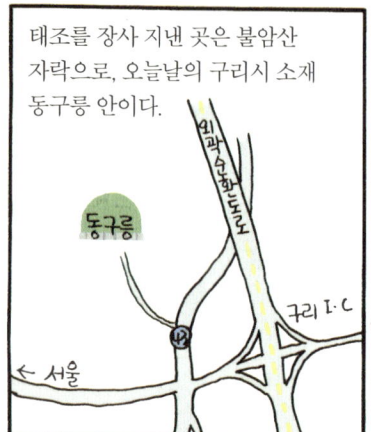
태조를 장사 지낸 곳은 불암산 자락으로, 오늘날의 구리시 소재 동구릉 안이다.

태조를 시작으로 아홉 기의 능이 조성되어 동구릉이라 불리는 곳.

아홉 기의 능 중에서 단연 눈에 띄는 것이 바로 태조가 묻힌 건원릉이다.

오옷! 카리스마!

유달리 높다란 사초지 위에 억새꽃 휘날리는 봉분으로 세상을 굽어보고 있다.

휘오오오……

미끈한 잔디를 입힌 여느 봉분과는 달리

아무렇게나 막 자란 억새 봉분이라니?!

이에 대한 설명으로는 다음의 추론이 널리 지지받고 있다.

태조는 진작부터 자신이 묻힐 곳을 찾아다니곤 했는데, 정릉이 조성된 이후로는 발길을 끊었다.

이로 보건대, 사랑하는 부인인 신덕왕후 곁에 함께 묻히기를 원했던 듯하다.

그러나 태종이 그런 뜻을 받아줄 리 만무하지 않은가.

정릉에 같이 묻히지 못할 바엔...!!

나를 조상님들이 묻혀 있는 함흥 땅에 묻어다오.

하여 태종은 고민에 빠졌다.

아버님의 유언을 따를 수도 없고 그렇다고 거스를 수도 없으니......

어느 해 가을에 찾은 건원릉.
바람에 흔들리는 억새의 모습이 변방에서 칼로 일어나 천하를 얻었지만
쓸쓸한 말년을 보내야 했던 태조의 일생을 그대로 표현해주는 듯했다.

다시 한양으로!

개경으로 도읍을 옮겼건만 개경에서도 나쁜 일만 이어졌다.

이리하여 한양 재천도가 추진되었는데

정도전에 밀려 무악 도읍에 실패했던 하륜이 다시 나섰다.

무악을 둘러본 대신과 서운관 관리들, 이번엔 모두 하륜의 입장에 동조한다.

예전과는 정반대의 분위기(2권 84~88쪽 참조)

그러나 하륜의 주장은 결국 관철되지 않았다.

종묘에 들어가 동전으로 점을 쳤는데 결과는 이랬다.

한양 ; 2길 1흉
무악 ; 1길 2흉
개경 ; 1길 2흉

결국 한양 재천도로 결정되었다.

태종의 뜻에 따라 새로 궁을 지어 1405년 10월에 한양으로 들어왔다.

이 궁이 바로 창덕궁이다.

창덕궁 대조전
창덕궁 내 중궁전으로 왕비가 기거하며 공적 활동을 하던 곳인데,
대조전의 첫 주인인 원경왕후는 이곳에서 조금도 행복하지 못했다.
현재의 건물은 1919년 경복궁에 있던 교태전을 헐어 이전한 건물이다.

제2장

사냥이
끝난 후

정치 10단

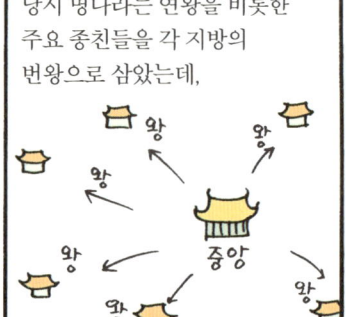

시범 케이스

뒤이어 종친, 공신, 대간 들을 대궐 뜰에 모이게 하고 이거이와 조영무를 대질시켰다.

어쨌거나 이거이의 불충은 기정사실이 되었다.

*안치(安置): 죄인을 특정한 곳에 보내 살게 하는 유배형의 하나로 거주의 제한이 보다 심하다. 월방안치(먼 곳에 안치), 절도안치(섬에 안치), 위리안치(집을 높은 울타리로 둘러 안치) 등이 있다.

원경왕후 민씨

* 멸문지화(滅門之禍): 집안사람 모두가 죽임을 당하는 재앙.

왕 노릇 못 해먹겠다?

장인인 민제는 보수파의 핵심 인물인 데다 유학자들 중에도 따르는 이가 많다.

처남인 민무구와 민무질은 핵심 공신들로 군사부문 실세들,

그리고 대궐의 안주인 왕비!

게다가 나와 중전이 금실이라도 좋아봐. 민씨들의 위세가 하늘을 찌를 걸. 신하들도 나보다 민씨 집안 눈치를 더 살필 테고.

또 한 가지 민씨 일가를 경계하지 않을 수 없는 중대한 이유가 있었으니, 원자 이제의 존재였다.

어린 나이신데도 준수한 용모며 당당한 체구며 가히 군왕의 재목이옵니다.

문제는 원자가 외가에서 자랐다는 거야.

외삼촌인 민씨 형제와 가까운 건 당연지사.

나중에 세자가 되고 보위를 잇는다면 민씨들의 힘은 통제하기 힘들 거야.

＊보위(寶位): 임금의 자리.

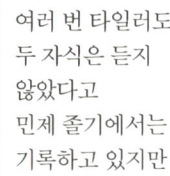

즉위한 이래 천재지변이 자주 발생하니 이게 다 하늘의 뜻이 아니겠느냐? 그만 세자에게 양위하고 물러나려 한다.

아니 되옵니다!

정승 판서에서 말단 관리에 이르기까지 난리가 났다.

전하께서는 아직 강건하시고 세자는 너무 어립니다. 아무 변고도 없는데 갑자기 양위한다 하시니, 신들은 두려울 따름입니다.

나라가 창업된 지 얼마 되지 않아 아직 살얼음 같은 상태입니다. 나이 어린 임금이 오를 때가 아니옵니다, 저언하!

상왕이 이미 두 분이나 계신데, 전하께서 물러나시면 세 분이 되옵니다. 중국이나 백성이 뭐라 하겠사옵니까?

내 이미 결심을 굳혔노라. 상왕이 둘인데 셋이 된다고 무엇이 문제이겠는가? 다른 사람도 아니고 내 아들에게 물려주는 것이다.

제2장 사냥이 끝난 후

성산포 앞바다
태종의 처남들로 태종이 왕이 되는 데 큰 공을 세운 민무구와 민무질 형제는
태종의 왕권강화정책의 희생양이 되어 제주에 유배되었다가 자진 명령을 받고 죽는다.

제3장

공신의
운명

민씨가의 몰락 1

명나라 사신 황엄이 왔을 때다.

우리 세자 저하를 황제의 딸과 결혼시킨다면 좋지 않을까 싶사옵니다.

괜찮은 아이디어라고 여긴 태종이 황엄에게 말했다.

조선의 세자를 황제 폐하의 부마로 삼는다? 좋지요, 좋고말고요.

그런데 황엄이 다시 왔을 때 이에 대해 아무런 응답이 없었다.

이런 씨~

괜한 소릴 했어. 나라의 위신만 우습게 되지 않았는가?

……!!

생각해보니 황제의 딸을 며느리로 맞는 게 꼭 좋은 일만은 아니잖아.

 요런 사전 작업이 있지 않았나 싶다.

* 공신녹권(功臣錄券): 공을 세운 신하에게 그 공의 내용과 왕이 내린 상을 적어준 문서.

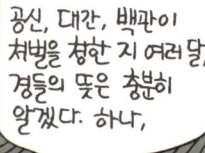

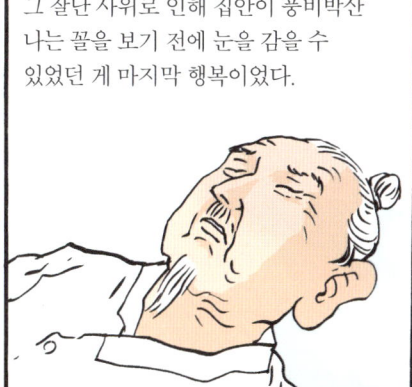

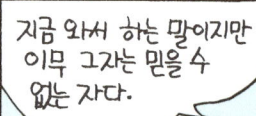

민씨가의 몰락 2

구체적인 기록은 보이지 않지만 왕비가 격렬하게 항의했던 것은 분명하다.

"다 구실일 뿐, 사실은 나와 내 친정이 미웠던 게지."

"우리가 너무도 큰 공을 세웠기 때문이야!"

민씨 형제가 죽고 난 이듬해 9월 어느 날의 기록이다.

"중궁은 동생들 일로 원한을 품고 여러 번 불순한 말을 했어."

"생각 같아선 내쫓아버리고 싶지만 조강지처라 차마 그러지 못하겠다."

"세자 저하의 모후이시고 왕자님들도 많사옵니다."

"그래서 반성하고 거듭나기를 바라기로 했다. 대신,"

"안살림을 맡아 할 여자를 골라 보고해라."

이건 또 무슨 얘긴가? 왕비를 빈으로 떨어뜨리고 새 왕비를 맞아들이겠다는 뜻 아닌가?!

가례색까지 설치해가며 추진했지만 성사되지는 않았다.

"불충한 민무회를 벌하소서!"

스물두 살 된 세자 양녕대군 이제였다.

'아바마마의 뜻은 과연 뭐란 말인가?'
'기어이 무회 삼촌도 죽이시려는가?'

'국문이라도 하여 여죄를 캐다가 2년 전의 그 일이 나오면 어쩌지?'

2년 전, 어머니 원경왕후가 편찮아서 동생 효령, 충녕과 함께 간병하고 있을 때였다.

외삼촌인 민무회, 민무휼이 문병을 왔는데

세자하고만 있게 되자 민무회가 입을 열었다.
"세자 저하!"

"형님들은 사실 반역을 꾀하지 않았는데도 죽었습니다."

제3장 공신의 운명

태종 16년 정월, 형들이 죽은 지 6년이 지나서였다.

사건 초기, 왕과 이숙번의 대화를 보자.

살아남은 공신, 하륜과 조영무

핵심 공신으로 죽는 날까지 영화를 누린 이는 조영무와 하륜이다.

무인과 유학자라는 출신의 차이만큼이나 둘은 서로 달랐다.

조영무, 태조의 눈에 들어

무장으로 성장하고 개국공신의 반열에 올랐지만

태조를 배신하고 태종 이방원 쪽에 붙은 것은 앞서 본 바와 같다.

배운 것 없이 무식한 그였지만

* 현량(賢良): 학문이 뛰어나고 어진 사람.

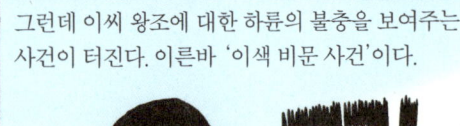

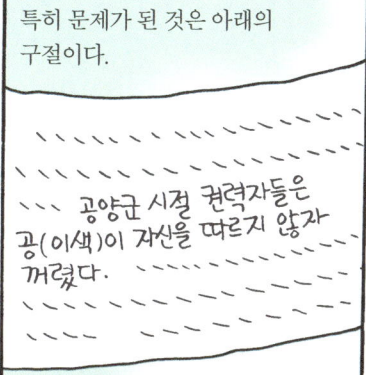

그렇게 하륜은 불충을 보이고도 용서받았다. 비단 이때뿐인가?

민무구, 민무질 사건 때도 두 번이나 경고를 들었고

이무를 변호하다 왕의 분노를 사기도 했으며

심지어 선위 파동 때는 민제의 집을 찾아가

……라고 했던 것이 들통 나고서도 용서받았다.

하륜이 아닌 다른 이였다면 목이 몇 개라도 모자랐을 것이다. 확실히 그는 특별대우를 받았다.

태종의 생각은 이런 게 아니었을까?

이숙번의 경우

하륜보다도 더 태종의 총애를 받았던 인물은 이숙번이다.

개국 이듬해인 제1회 과거에서 급제한 그는

왕자의 난 당시 팔팔한 스물여섯 청년이었다.

거사 계획을 듣더니

이런 일이야 손바닥 뒤집기보다 쉬운 일, 아무 염려 마십시오.

거침 없고 확신에 찬 답변으로 태종을 안심시켰던 그 이숙번이다.

비상한 머리에 결단력,

그리고 배짱까지! 마치 나의 복제품을 보는 것 같군.

왕이 되고 나서 태종은 1, 2차 왕자의 난 때 결정적 공을 세운 그를 줄곧 군사부문에 앉혔다.

군대의 핵심 지휘권은 친인척에게 맡기는 게 관례였는데 이숙번만은 예외였다.
처남 처남 사위 사위

정국이 안정된 후에야 재상에 임명했다.

요새도 그렇지만 권세의 크기는 벼슬의 높이와 비례하지 않는다.

왕의 절대적인 신임 아래 그는 직위와 상관없이 언제나 최고 실세로 대접받았다.

그의 힘을 보여주는 사례 하나.
성의 서쪽에 문을 새로이 하나 내어 통행을 편히 할 수 있게 하라.

어디가 좋을까요?
안성군 이숙번의 집 앞에 옛길이 있어 그 쪽으로 터를 잡는 게 좋을 듯싶소이다.
그거 좋은 생각입니다.

내 집 앞쪽으로 성문을 낸다는 소리가 있던데.
아! 안성군. 의논이 그렇게 모아졌습니다.

누구 맘대로? 분명히 말하는데 난 싫소!

다음은 세종이 이숙번과 하륜에 대해 내린 평이다.

*여염(閭閻): 일반 백성이 많이 모여 사는 곳.

창덕궁 전경
태종이 즉위하여 지은 궁궐. 태종 5년(1405)에 완공되었으나 궁궐의 모습이 갖춰진 건
돈화문이 건립된 태종 12년이 되어서였다. 임진왜란 때 정궁인 경복궁이 불에 타고 조선 말기에 복구될 때까지
약 300여 년간 본궁의 구실을 했다.

제4장

현실주의자
태종의 개혁

왕과 대간의 관계

*호종(扈從): 임금을 보호하거나 시중을 들기 위해 따라감.

두 얼굴의 사나이

정치 10단 태종은 의외로 모순된 모습을 자주 보여준다.

하고 싶은 일은 단 하루도 참지 못하는가 하면

언관들이 또 뭐라 하겠지.

그래, 참자. 참자⋯⋯

역시 안 되겠어. 사냥만은 참을 수 없어.

권력과 관련된 일은 몇 년이고 내색조차 않을 수 있는 그였다.
(이거이, 민씨 형제, 이무 등에 대해 취했던 태도를 보라.)

우걱 우걱

미신을 신봉하는 듯이 보이다가

동전으로 점을 쳐서 결정하자.

옛 성현들도 음양의 술서들을 다 없애진 않았다.

점쟁이가 불길하다고 했다. 액을 막기 위해 당분간 개성에서 지낼 생각이다.

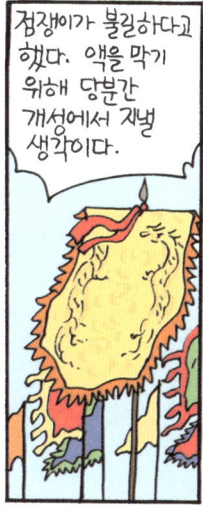

강경하게 배척하기도 했다.

음양의 술수나 사주니 하는 것들은 거의가 허황된 것들이다.

백성을 현혹하는 잡서들을 모아 폐기하라!

두 차례에 걸친 왕자의 난이나 민씨 세력 제거 등에서 나타난 태종의 모습은 비정함을 넘어 잔혹하게까지 여겨진다.

그래서 나를 냉혈 군주로 흔히 묘사하는데 그건 오해야. 내가 살았던 시대를 봐.

고려 말 조선 초의 대 격변기! 정치 투쟁에서의 패배란 곧 죽음으로 받아들여지던 시대였어.

그것은 그가 철저히 현실주의자이기 때문이다.

왕이라는 우월한 지위와 카리스마,

이상도 명분도 철학도 그 무엇도 현실보다 우위에 설 순 없어.

뛰어난 언변과

연기력.

제기되는 사건의 현재는 물론 미래의 파장까지 읽어내는 탁월한 판단력을 무기로

그때 그때의 상황에 맞는 방법을 택해 정국을 자기 의도대로 끌고 갈 수 있었다.

이번엔 저쪽이다아

우르르르

그러나 현실주의자로서 자기 수완을 과신한 탓인지 지나치게 즉흥적인 모습을 보이기도 했다. 1414년(태종 14) 과거를 마치고 나서의 일이다.

아무래도 장원은 전하께서 직접 뽑아주셔야겠습니다.

왜요?

이들 셋이 우열을 가리기 힘듭니까?

제4장 현실주의자 태종의 개혁 147

태종이 이룬 나라

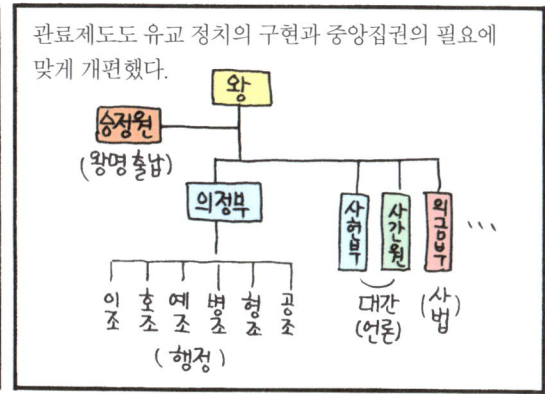

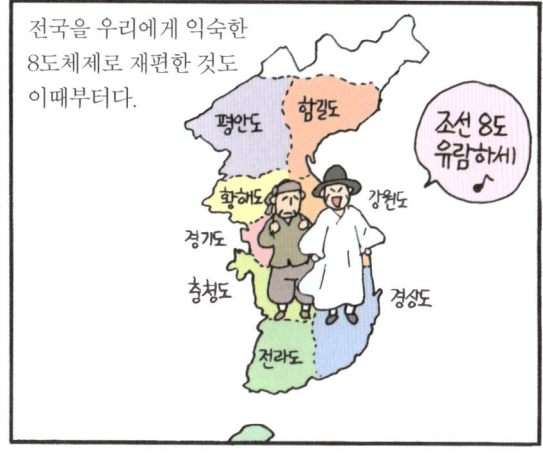

이렇게 태조를 도와 조선을 연 신진 사대부들의 구상은 정도전의 개혁을 거쳐

태종대에 와서 본격적으로 실현되기에 이르렀다.

사실 이때 마련된 정치제도 중 몇몇은 오늘날 보아도 감탄을 자아내게 한다.

와아!

언관들은 물론, 대신들까지 직언을 아끼지 않는다거나

아니 되옵니다.

모든 정책 결정 과정을 남김없이 기록해 후세의 평가를 두려워하도록 했다.

불과 얼마 전까지만 해도 대통령에게 누구 하나 아니라고 말할 수 없었고

예예

...장관

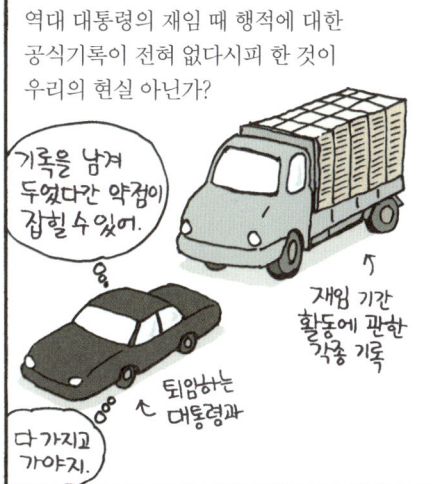

역대 대통령의 재임 때 행적에 대한 공식기록이 전혀 없다시피 한 것이 우리의 현실 아닌가?

기록을 남겨 두었다간 약점이 잡힐 수 있어.

재임 기간 활동에 관한 각종 기록

퇴임하는 대통령과

다 가지고 가야지.

오위! 이해할 수가 없습니다. 이 위대한 기록을 남긴 조상을 둔 한국인들이 어째서…

제4장 현실주의자 태종의 개혁 155

인정전 용상
세자란 장차 이 자리에 앉을 것으로 예고된 존재. 그러나 태종의 장자인 세자 양녕대군은
계속된 비행 끝에 폐세자가 됨으로써 앉아보지 못하고 셋째인 충녕대군이 대신 이 자리의 주인이 된다.

제5장

양녕과
충녕

세자의 탈선

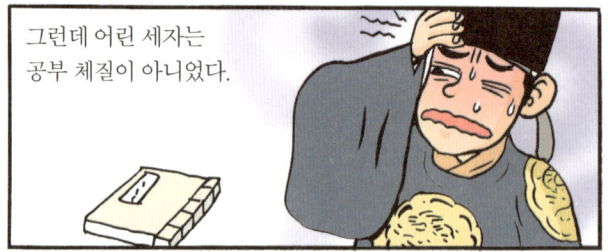

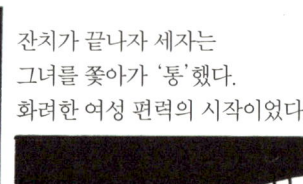

장안의 건달들을 궁 안으로 불러들여 어울리기도 했다.

"세자궁이 대궐에서 너무 멀고 담장이 낮아 위엄이 서질 않습니다. 대궐 가까이에 세자궁을 지어 매일 아침 문안케 하시고 조회나 서연에도 참석게 하소서."

세자 교육 담당관인 우빈객 이래가 고했다.

"공부를 싫어한다면 한 궁궐에 있다 한들 달라지겠느냐?"

"게다가 세자도 이제 나이를 먹을 만큼 먹었는데 곁에 두어 자주 살핀다면 부자 사이가 나빠지지 않겠느냐?"

자애로운 아버지였다.

세자궁을 드나든 건달들을 내치고

공부를 게을리한다는 이유로 내시들을 벌하고

매를 들여온 종들에게 곤장을 치는 등 간접적이긴 하나 제법 강도 높은 처벌을 가했지만, 세자는 달라지지 않았다.

세자 교육을 담당한 관리들이 몰려와 아뢰었다.

떠오르는 충녕

《태종실록》은 세종 시절에 편찬되었다.

그런 만큼 양녕의 비행을 강조하고 충녕의 비범함을 돋보이게 하는 등 세자 교체의 정당성을 선전하는 방향으로 서술된 면이 있으리라.

태종은 정비 민씨와의 사이에서 양녕, 효령, 충녕, 성녕 등 네 아들을 두었다.

둘째 효령은 말수 적은 스마일 맨.

태종의 소개말을 들어보자.

이 아이는 무슨 말을 하면 대답은 않고 언제나 빙그레 웃기만 해. 나랑 중전은 얘만 보면 마음이 편안해져.

뒷날 불교에 귀의해 불교 보호에 힘썼다.

그러나 충녕은 그런 것보다 책 읽는 것, 그중에서도 특히 정치 교본인 유학 서적 읽기를 즐겼다.

세자의 탈선이 계속되자 신료들 사이에서는 자연스럽게 충녕에 대한 이야기가 오갔다.

어느 날 충녕이 의령부원군 남재를 비롯한 몇몇 사람에게 술자리를 베풀었다.

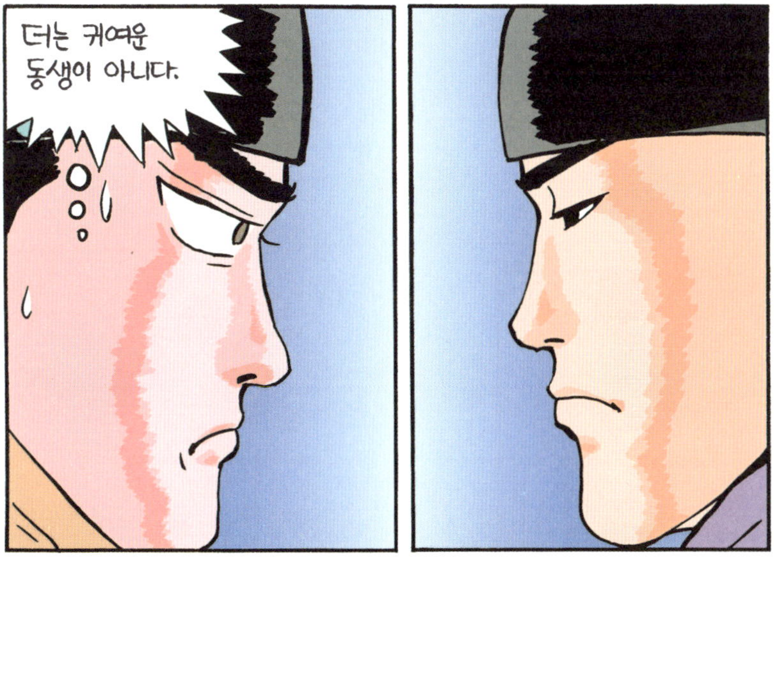

충녕은
왜 이렇듯
도발적인 행동을
계속했을까?
세자를 향한
충정이었을까?
아니면
도전이었을까?

결정적 스캔들

3품 이하의 관리들을 모아 시험을 치렀는데

거기서 장원을 했을 만큼 소문난 수재이기도 하다.

그런 변계량의 글인 줄 알면서도 세자를 믿고 싶은 아버지였다.
이렇게 절절히 반성했으니 달라지겠지.

운명의 1418년(태종 18년) 2월, 성녕대군 이종이 열네 살 어린 나이에 죽고 말았다.
卒

열 살에 결혼했으나 궐에서 내보내지 않고 끼고 살았을 정도로 태종 부부가 아꼈던 막둥이였기에
나의 자랑
너 땜에 산다.

슬픔은 더욱 컸다.

예전에 점쟁이가 이르길 올해가 안 좋다 했는데 이런 일이 생기고 말았구나. 늦었지만 이제라도 액을 막기 위해 당분간 개경으로 옮겨 거처하겠노라.

아직 슬픔이 채 가시기 전, 개경의 태종에게 어리와 관련된 또 다른 소식이 전해졌다.
아니, 뭣이라고?

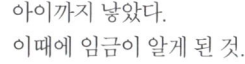

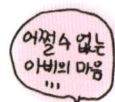

세자를 폐하라

사죄하고 용서받기를 반복하던 세자, 문득 억울하다는 생각이 들었다.

내 나이가 몇인데 이런 일로 야단을 맞는단 말인가?

어른이 사랑을 하는 거야 지극히 당연한 일이거늘, 내가 왜 용서를 구해야 되냐고? 도저히 참을 수 없어.

흥분한 상태의 세자는 일필휘지로 스스로를 파멸시킬 항의문을 써나갔다.

전하께 올리거라.

한양에서 개경으로 세자의 글이 전해졌다.

'아버지는 뭘 잘했다고 나를 나무라십니까?' 이거군.

다른 건 다 참아도 권위에 대한 도전만큼은 용서할 수 없는 것이 권력자의 생리.

결국 그 방법밖에 없는가?!

전하를 모시는 여인들은 다 궁 안에 들이셨는데
모두 중하게 생각하여 받아들인 것입니까?
가이(어리)를 내보내라 하셨으나
그녀가 살아가기 어려우리라 생각하였고
또 바깥에 내보내 사람들과 어울리게 되면
모양새가 사나울 것이기에 내보내지 아니하였습니다.

지금에 이르도록 신의 여러 첩을 내보내어
곡성이 사방에 이르고 원망이 나라 안에
가득하옵니다.
……
한 고조는 재물을 탐내고 여색을 좋아하였으나
마침내 천하를 평정하였고
진나라 왕 광은 비록 어질다는 평을 들었으나
그가 즉위함에 이르러 나라가 망하였습니다.

전하께서는 신이 끝내 효도하리란 것을 어째서
알지 못하십니까?
……
무릇 임금은 사사로움이 없어야 할 텐데
신효창은 태조를 불의에 빠뜨렸으니 그 죄가
무거운데 용서하셨고
김한로는 오로지 신의 마음을
기쁘게 했을 뿐인데 버리셨으니
공신들이 이로부터 위험해질 것입니다.
……

부들부들

형제를 죽이고 쫓아내 가며
오른 왕위였다.

방석 방번 방간

그런 일은 나 하나로 끝나야 해.

내 자식이나 손자들이 나와 같은 일을 반복해서는 안 되지, 암! 안 되고말고.

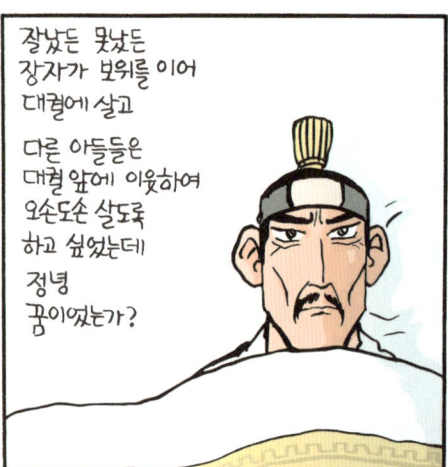

호랑이 등에서 내려오다

태종은 앞서 본 선위 파동 후에도 한 번 더 물러나겠다는 선언을 했다.

그때도 백관은 대궐로 몰려가 눈물로 간청해야 했다.

고집하고 간청하고를 몇 차례 반복하다가,

못 이기는 척 뜻을 접음으로써 마무리되었다.

정1품 정승에서 종9품 말단 관리에 이르기까지 대소 신료들은 이번에도 총출동하여 선위 반대를 외쳐댔다.

마침내 각급 신료들이 조복을 갖춰 입고 근정전 뜰에 줄지어 선 가운데

전 임금 태종이 정식으로 왕위를 물려주는 교서를 반포하고

충녕대군이 조선의 제4대 임금으로 등극하니 이가 곧 세종대왕이다.
세자가 된 지 고작 두어 달밖에 안 된 1418년 8월 10일이었다.

세자의 자리에 있던 기간이 워낙 짧아서
제대로 된 군왕 교육은 받지도 못했다.
그러나 그가 누구보다 준비된 임금이었음을
세상은 곧 알게 된다.

작가 후기

과연 태종은 10단의 정치력을 발휘하여 자신의 계획대로 국정을 이끌어갔다. 신하들이 감히 넘볼 수 없는 카리스마를 발휘하여 정도전식 재상 위주의 정치를 왕 중심의 정치로 되돌려놓았으며, 신생국 조선의 장구한 발전의 기틀이 될 만한 일들도 많이 마련했다. 그러나 태종의 첫째가는 업적은 역시 세자 교체를 통해 세종대왕에게 후계를 전한 일이라 하겠다.

대군 시절의 세종, 곧 충녕이 보인 행동은 원고를 끝낸 지금도 머릿속을 맴돈다. 양녕이 조금만 더 사려 깊고 때를 기다릴 줄 아는 위인이었다면 폐세자가 되는 일까지 가지는 않았을 것이다. 그리하여 양녕이 보위를 이었다면 충녕이 과연 살아남을 수 있었을까?

충녕이 보였던 도발적인 행동들의 의미는 과연 무엇일까? 본문에서는 결론을 내리지 않은 채 두루뭉술하게 처리했지만, 아무리 생각해봐도 그것은 목숨을 건 권력투쟁이 아니었나 싶다. 부왕인 태종의 양녕에 대한 실망과 자신에 대한 믿음, 신료들의 분위기, 부왕과 양녕의 기질 등등을 면밀히 검토한 끝에 내건 매우 위험한 승부! 그게 아니라면 설명이

안 되는 사례가 너무 많다. 양녕을 면전에서 비판하는 등의 행동이야 세자에 대한 충정으로 이해될 수도 있겠지만, 태종과 신하들이 모두 있는 가운데 스스럼없이 자신의 자질을 드러내 보이는 행동이라든가, 남재의 선동에 대한 태도 등을 보자. 충녕 자신이 양녕의 자리를 넘보고 있지 않고서는 취하기 어려운 행동들이 아닌가? 세자가 따로 있는 조건에서 왕과 신료들에게 명망을 얻는다는 건 그 자체로 위험천만한 일인데 충녕은 꾸준히 아버지와 신료들을 향해 자신의 가치를 알려나갔다!

  이렇게 본다면 세종도 아버지 태종과 마찬가지로 스스로의 투쟁을 통해 왕좌를 차지했다고 말할 수 있겠다. 아버지처럼 피를 동반하지는 않았지만.(너무 과격한 해석인가?)

  스스로의 투쟁으로 올라섰든 어부지리로 올라섰든, 조선은 천년에 다시없을 성군으로 평가받는 세종을 임금으로 맞게 되었다. 다음 편은 바로 그와 그 시대를 그리게 되겠구나 생각하니 걱정과 흥분으로 가슴이 뛴다. 잘할 수 있을까?

《태종실록》 연표

1400 태종 즉위년
11.13 정종을 상왕으로 모시다.
12.19 중궁의 투기를 이유로 10여 일 동안 경연청에 나가 거처하다.

1401 태종 1년
1.15 좌명공신을 내리다.
2. 2 정종의 부하들을 대거 지방에 안치하다.
2.12 공신들과 맹약식을 갖다.
윤 3.11 태상왕이 한양을 거쳐 금강산으로 가다.
6.18 태종이 궁인을 가까이하자 중궁이 화를 내며 그 궁인을 꾸짖다. 이에 화가 난 태종이 중궁전의 시녀와 내시 등 20여 명을 내치다.
11.12 권근 등에게 왕자의 난에 대해서 "단지 살려고 한 것일 뿐, 왕위를 바라 그런 게 아니었다."고 해명하다.

1402 태종 2년
1.17 민제가 아들 민무구와 민무질에게 "사람들이 하륜을 정도전에게 비유한다. 머지않아 환난을 당할 것이다."라며 하륜의 전횡을 비판하다. 이 말을 들은 하륜이 죽고 사는 건 하늘에 달렸다며 두려울 게 없다고 하다.
1.28 소요산에 가서 태상왕을 문안하고 "염불을 하고 경을 외는 게 꼭 소요산이어야겠습니까."라고 했다가 면박을 당하다.
3. 7 대부인 송씨가 중궁에게 후궁이 너무 많아 두렵다고 하다.
5. 1 태상왕이 한양에 갔다가 다시 소요산으로 가다.
7.11 태상왕의 희망에 따라 다시 한양으로 도읍을 옮길 것을 논의하다.
8. 2 채식만 하는 태상왕에게 고기 먹을 것을 청하자, "왕이 나처럼 불교를 숭상하면 고기를 먹겠다."며 불교를 건드리지 말 것을 요구하다.
11. 5 태상왕이 조상의 묘 참배를 명목으로 동북면으로 가다. 조사의가 병사를 일으키다.
11. 8 박순을 동북면에 보냈으나 반군에게 피살당하다.
11. 9 무학대사를 함주로 파견하다.
11.12 이천우, 조영무 등 진압군이 출동하다.
11.15 안평부원군 이서와 중 설오를 태상왕에게 보냈으나 철령에서 길이 막혀 되돌아오다.
11.20 이천우가 조사의의 군대와 싸웠으나 패하다.
11.21 민제에게 개경을 맡기고 태종이 직접 금교역 북쪽 교외에 와서 머물다.
11.27 조사의가 안주에 머물렀는데 대규모 관군의 출병에 조사의의 군사들이 흩어지다.
12. 2 태상왕이 평양으로 가다.
12. 8 금교역에서 태상왕을 맞이하다.
12.18 조사의 등 10여 명을 참수하다.

1403 태종 3년
3. 3 늙으가니 병만 생길까 두렵다며 경연에 참가하지 않겠다고 하다.
4. 8 원자가 성균관 입학식을 치르다.
9.16 둘째 딸을 조준의 아들인 조대림에게 시집보내다.
9.28 자신은 무가의 자손이라며 사냥을 해야 할 필요를 주장하다.
12.18 셋째 딸을 권근의 아들인 권규에게 시집보내다.

1404 태종 4년
2. 8 노루를 쏘다 말에서 떨어지자 "사관이 알지 못하게 하라."고 말하다.
8. 6 원자 이제를 왕세자로 봉하다.
9. 1 태상왕이 개성은 왕씨의 도읍이라며 한양으로 옮길 것을 주장하다.
9.19 하륜이 글을 올려 무악으로 도읍을 옮길 것을 다시 주장하다.
10. 4 무악을 찾아 대신들과 논의하고, 종묘에 가서 동전으로 점을 쳐서 한양으로 돌아가기로 결정하다. 이에 태상왕이 기뻐하다.
10.18 이천우와 이화 등을 비밀리에 불러 3년 전에 조영무가 했었던 말이라며 이거이의 불순한 발언을 전하다. 이에 종친과 공신들을 대궐 뜰에 모아놓고 이거이와 조영무를 대질시키다.
10.24 이거이와 네 아들을 폐서인하고 지방에 안치하다.

1405 태종 5년
6.27 조준이 졸하다.
9.14 왕세자를 불러 글을 외도록 했으나 외지 못하자 내시의 종아리를 대신 치다.
9.20 무학대사가 졸하다.
10.19 새 궁전을 완성하다.
10.20 새 궁전으로 옮겨가다.
10.21 왕세자가 공부를 게을리하자 내시의 볼기를 치다. 이에 내시가 "이것이 어디 저의 죄입니까."라며 항변하다.
10.25 새 궁전의 이름을 창덕궁으로 짓다.
12.13 민제의 집에 거둥하여 임금과 중궁이 잔치를 베풀다.

1406 태종 6년
4. 7 정릉의 묘역을 줄이고 그 자리에 집을

지을 수 있도록 하다. 그러자 하륜 등이 앞다투어 좋은 땅을 차지하다.
8.18 왕세자에게 왕위를 물려주겠다며 선위 소동을 일으키다.
12.10 중전과 왕자들을 데리고 민제의 집에 거동하여 즉위 전처럼 선달, 사부로 부르며 즐기다.

1407 태종 7년

4.18 첫 중시에서 변계량이 1등을 하다.
6. 8 명나라 사신 황엄이 고명을 들고 왔을 때 조박, 하륜 등이 민제를 만나 왕세자를 명나라 황녀와 결혼시키자는 의논을 하다. 김한로를 통해 그 이야기를 전해 들은 태종이 격노하여 관련자를 국문케 하다.
7.10 이화가 글을 올려 선위 파동 때 민무구, 민무질, 신극례의 표정이 불순했다는 등 몇 가지 이유를 대고 처벌을 청하다.
7.12 민무구와 민무질을 원하는 곳에 안치하도록 하다.
7.13 태종이 김한로에게 조심, 또 조심할 것을 요구하다.
11.11 민무구와 민무질의 직첩을 회수하다. 황희를 하륜에게 보내 경고하다. 이에 하륜이 "살길을 가르쳐주셔서 감사합니다."라며 눈물을 흘리다.
11.21 민제가 두 아들을 먼 지방에 내칠 것을 청하자 민무구, 민무질을 각각 여흥과 대구로 보내다.

1408 태종 8년

5.24 태상왕이 훙하다.
9. 9 태상왕을 건원릉에 장사 지내다.
9.15 민제가 졸하다.
10. 1 민씨 형제의 열 가지 죄를 나열하며 신료들에게 앞으로 그들과 내왕하지 말라는 교서를 내리다.
10. 6 태상왕의 동생인 이화가 졸하다.
11. 7 10월 1일의 교서 중 하륜이 연관된 점이 있어 대간들이 연일 하륜의 처벌을 주장하자 "이씨 사직에 하륜만큼 특별한 공덕이 있는 이가 어디 있느냐."라고 하며 태종이 직접 변호해주다.

1409 태종 9년

2.14 권근이 졸하다.
2.23 정릉을 도성 밖으로 이장하다.
6. 1 이지성이 왕세자에게 민씨 형제는 죄가 없다고 한 것이 드러나 민씨 형제 문제가 다시 대두되다.
6. 2 이지성의 직첩을 거두고 먼 지방에 부처하도록 지시하다.
8.10 2차 선위 파동이 일어나다. 군사상의 일과 인사 문제는 자신이 맡고 나머지는 왕세자에게 맡기겠다고 하다.
8.13 선위하겠다는 뜻을 거둬들이다.
8.28 《태조실록》의 편찬을 지시하다.
9. 8 윤목과 정안지가 명나라에 다녀오는 길에 "회안군 이방간과 민씨 형제는 공이 큰데 초야에 버려져 있다. 남은 공신들도 온전하지 못할 것"이라는 등의 말을 한 죄를 물어 가두고 국문하다.
9.27 이무도 윤목 등과 연루되어 하옥되다.
10. 1 태종이 직접 이무의 죄를 말하다.
10. 5 민씨 형제를 제주로 이배시키고 이무를 참수하다.
10.27 상왕 정종의 아들이라 주장하는 불노를 공주에 안치하다.

1410 태종 10년

1.30 윤목 등 관련자 4인을 참수시키다.
3. 9 야인이 경원부에 쳐들어오자 조연을 주장으로 삼아 북벌을 단행해서 두만강을 건너 부족 수백 명을 섬멸하고 가옥을 불지르고 귀환하다.
3.12 왕세자도 나서서 민씨 형제의 처벌을 청하다.
3.17 민씨 형제를 자살하게 만들다.
4.25 비상나팔을 불게 하여 대궐문에서 종루까지 3군이 차례로 늘어서다. 영을 어긴 자는 조사해서 징계하게 하다.
9.17 액막이를 위해 중궁과 함께 개경으로 가다.
11. 3 왕세자가 기생 봉지련을 궁중에 들이다. 이에 내시에게 곤장을 때리고 봉지련을 가두는데 세자가 단식하자 봉지련을 풀어주고 비단까지 주다.

1411 태종 11년

3.30 경원진을 없애다. 창덕궁으로 돌아가다.
6.29 이색의 비문이 전해져 불똥이 하륜에게 튀다. 이후 대간은 물론 조영무와 이숙번 등 동료 대신들까지 하륜을 죄줄 것을 청했으나 태종이 적극적으로 변호해서 무사하다.
10.17 세자우빈객 이래가 왕세자에게 음악, 여색, 매, 사냥개를 멀리할 것을 청하다.

1412 태종 12년

4.26 경회루를 완성하다.
5.22 돈화문을 세우다.
6. 3 하륜이 '농부를 생각하는 노래' 등 세 곡을 지어 올리다.
8.23 신덕왕후의 제사를 서모제로 격하시키다.
8.25 이거이가 유배지에서 졸하다.

《태종실록》 연표 205

1413 태종 13년

2.5 온천행에 따라나선 왕세자가 하루 뒤에 돌아가라 이르자 단식하다. 결국 따라가다.

3.27 동궁 북쪽 담 밑에 작은 길이 생기다. 내시를 불러다 조사해보니 예빈시와 내섬시의 종들이 평양 기생 소영을 바친 지 여러 날임이 드러나다. 이에 소영은 평양으로 돌려보내고 관련된 종들은 지방으로 내치다.

8.15 왕세자가 또 매를 몰래 키우고 있음을 알고 태종이 노하여 왕세자의 수종들을 귀양 보내다. 이에 왕세자가 다시 단식으로 항의하자, 태종이 "종실에 어찌 (달리) 적당한 사람이 없겠느냐."며 경고하다.

9.9 왕세자가 공부를 부지런히 하고 행실을 고치기 전에는 만나지 않겠다고 하다.

11.21 과거 왕씨 제거는 태조의 뜻이 아니었다며 살아남은 왕씨들은 원하는 곳에 편안히 거처할 수 있도록 하라고 명하다.

12.30 왕세자에게 "(충녕은) 장차 너를 도와 큰일을 결단할 아우다."라고 말하다.

1414 태종 14년

1.2 하륜과 이숙번이 간관의 버릇을 고쳐놓겠다며 대간이 함부로 대신의 잘못을 말하지 못하게 해달라는 상서를 연명으로 올리려다 그만두다.

3.11 문과의 장원을 가릴 수 없어 하자 태종이 "내가 집는 게 장원이다."라며 정인지의 책문을 집다.

5.10 하륜을 불러 《고려사》를 고쳐 지으라고 지시하다.

7.28 조영무가 졸하다.

1415 태종 15년

4.9 민무회가 염치용의 노비 소송 사건에 개입했다가 태종의 격노를 사다. 이후에 신하들이 연일 민무회의 처벌을 주장하다.

4.17 민무회의 직첩을 회수하다.

5.3 왕세자궁의 출입을 엄히 단속하게 하다.

5.4 민무회의 처벌을 청하지 않은 죄를 물어 사헌부를 국문토록 하다.

5.8 우의정 이직이 염치용에게 반역 조항을 적용하는 건 무리라고 말했다가 탄핵당하다.

5.13 기생 초궁장을 내쫓다.

6.6 왕세자가 2년 전에 민무휼과 함께 있던 자리에서 민무회가 했던 말을 고해바치다.

6.25 민무회와 민무휼을 원하는 지방에 안치하게 하다.

7.1 민무회와 민무휼을 해풍에 안치하다.

11.15 연일 계속되는 민무회와 민무휼에 대한 처형 요구에 장모 송씨 때문에 사사로운 정을 끊지 못하겠다고 하다.

12.15 원윤 이비와 관련된 이야기를 꺼내다.

12.21 민무회와 민무휼을 국문케 하다.

12.23 민무회와 민무휼의 국문을 정지하고 지방에 유배시키다.

12.30 충녕대군이 남재에게 잔치를 베풀다. 이 자리에서 남재가 충녕대군을 충동질하는 듯한 발언을 하다. 그 이야기를 전해 들은 태종이 "그 늙은이, 과감하구나!"라며 껄껄 웃다.

1416 태종 16년

1.9 충녕대군이 왕세자에게 "원컨대 마음을 바로잡은 뒤에 몸을 꾸미소서."라고 충고하다.

1.12 의정부와 공신, 6조, 대간이 글을 올려 민무회와 민무휼의 처형을 청하다.

1.13 금부도사를 민무회와 민무휼에게 보내며 "자진하려 하거든 막지 말라!"고 하다. 이에 민씨 형제가 자진하다.

2.25 사대부 집의 과부가 맹인 중을 유혹해 사통한 사건에 대해 모두가 극형에 처해야 한다고 주장하다. 이에 대해 이숙번이 왕세자에게 법에 따라 곤장 80대가 옳다고 말한 것이 보고되자 태종이 괘씸하게 여기다.

3.20 잔치가 끝난 후 태종의 부마인 이백강이 거느렸던 기생 칠점생을 데리고 돌아가려는 왕세자를 충녕대군이 저지하다.

5.25 유정현이 좌의정에, 박은이 우의정에 오르다. 그 소식을 듣고 이숙번이 자기보다 박은을 먼저 정승에 앉힌 데 대해 불쾌감을 나타내다.

6.4 이숙번이 병을 핑계로 몇 달 동안 입궐하지 않는 데 대해 태종이 분개하다.

6.10 정도전 자손의 임용 제한을 풀어주다.

6.21 이숙번의 녹권과 직첩을 회수하다.

6.22 하륜이 별 근거 없이 황희와 심온을 소인이라고 깎아내리며 요직에 등용해서는 안 된다는 글을 밀봉해 올리자 태종이 하륜에게 실망하다.

7.25 정도전의 손자들에게 직첩을 주다.

9.24 구종수와 이오방이 밤마다 담을 넘어 왕세자와 술을 마시고 밖으로 불러 놀기도 하다. 이에 대해 태종이 분노하자, 황희가 왕세자는 아직 어리다며 변호하다.

9.28 왕세자가 반성하는 뜻을 전하다.

11.6 하륜이 졸하다.

11.9 이방간과 내통한 심종(심온의 아우)을 교하에 안치하다.

12.2 이방간의 녹권과 직첩을 회수하다.

1417 태종 17년

2.15 왕세자가 곽선의 첩 어리를 데려다 왕세자궁에 둔 사실이 발각되다.

2.22 왕세자가 다시는 그러지 않겠다고
종묘에 고하다.
3. 5 왕세자를 타락으로 이끈 죄를 물어
구종수 3형제와 이오방의 목을 베다.
10. 6 박은이 심온에게 충녕대군의
처신을 조심하게 할 것을 여쭈도록
했으나 심온은 충녕대군에게 말하지 않다.

1418 태종 18년

2. 4 성녕대군 이종이 졸하다.
2.13 개경의 유후사로 이어하다.
3. 6 김한로의 아내가 어리를 몸종이라며
데리고 가서 왕세자에게 바친 사실을
알게 되다.
5.10 어리가 애를 낳은 일과 과거에
왕세자를 옹호한 황희의 일 등을 거론하다.
5.11 왕세자를 책망하고 한양으로 보내다.
김한로를 가두고 황희는 교하로 내치다.
5.15 왕세자가 한양으로 돌아가자마자
곧바로 어리를 만나다. 태종이 분개했으나
지난 일은 탓하지 않겠다며 다시
기회를 주다.
5.30 왕세자가 올린 항의성 글에 태종이
경악하다.
6. 2 왕세자를 폐할 뜻을 내비치고 신하들의
의견을 구하다. 사간원을 제외하곤 폐하자는
의견이 나오다.
6. 3 주요 대신을 모아놓고 폐세자를
결정하고 후임 왕세자에 대하여 의논한 후
충녕대군을 새 왕세자로 결정하다.
7. 6 대언(승지)들을 불러 왕세자에게
선위하겠다는 뜻을 내비치다.
7.29 환궁하다.
8. 8 선위할 뜻을 공표한 뒤 왕세자궁으로
거처를 옮기다.
8.10 충녕대군이 즉위하다.

조선과 세계

조선사

1400	태종 즉위
1401	3년상 기간에는 과거를 보지 못하도록 함
1402	호패법 실시
1403	주자소(鑄字所) 설치
1404	경복궁 준공
1405	한양으로 재천도
1406	덕수궁 준공
1407	경상도를 좌도와 우도로 나눔
1408	태상왕 사망
1409	태종, 《태조실록》 편찬 지시
1410	주자소에서 서적의 인쇄, 간행, 판매
1411	일본 왕에게 코끼리를 선물 받음
1412	경회루 완공
1413	양전사업 실시
1414	노비사목 재정
1415	녹과를 개정하고 관제를 개편
1416	호패법 폐지
1417	적자와 서자의 봉작법을 정함
1418	집현전 설치, 경연 실시

세계사

베트남, 호 왕조 시작
일본 쇼군, 명에서 일본 왕으로 책봉
오스만튀르크, 앙카라 전투
독일, 후스의 종교개혁
일본, 명과 정식 통상 시작
명, 정화의 남해 원정 시작
이탈리아, 피렌체가 피사를 정복
명, 베트남 침략
명, 정화, 2차 남해 원정길에 오름
이탈리아, 피사종교회의 개최
라투아니아, 튜튼 기사단 격퇴
일본, 왜구의 명 연해 침략
명, 정화의 남해 원정에서 아프리카 동해안까지 도달
오스만튀르크, 메흐메트 1세, 제국을 재통일
콘스탄츠공의회에서 면죄부에 반대한 후스를 체포함
포르투갈, 엔히크 왕자, 카나리아 제도에 탐험대 파견
이탈리아, 어음 사용 시작
명, 《성리대전》, 오경, 사서, 반포
일본, 목판인쇄 보급

Summary
The Veritable Records of King Taejong

Establishing of Royal Authority

After Yi Bangwon (Taejong) took the throne from his father, Yi Seonggye (Taejo) was completely excluded from power. Unable to forgive Taejong for stripping him of the status, pride and honor that he had built up across his entire lifetime, Taejo went back to Dongbuk province, which had been his base of support, and plotted a revolt with Jo Saui in the lead. However, the revolt against his son was a complete failure, which only served to further establish Taejong's position.

As a result of this incident, Taejong strove to eliminate any threat to his rule by brutally purging vassals of merit and relatives-in-law who had helped him seize power.

Taejong's political philosophy, emphasizing "a strong royal authority," was much like a religion. Drawing on political talents and expertise gained from overcoming numerous crises, he executed his vision of reformation at the beginning of the dynasty.

A major tenet of Taejong's political philosophy was the hereditary succession of power to the legitimate eldest son. His commitment to hereditary succession grew out of his experience mounting "The Rebellion of the Prince," a coup that unseated his youngest brother as the crown prince, and put the life of Taejong in danger. However, the first crown prince Taejong installed after his ascension to the throne caused unexpected problems. His eldest, legitimate son—who Taejong proclaimed the crown prince after the coup—began to commit serious misconduct. Although Taejong was a powerful leader, wielding absolute authority over his servants and even purging his closest friends and allies, he reacted like any father would when confronted with his own son's misdeeds.

Taejong warned his son repeatedly and tried to understand his actions, but the crown prince's behavior did not improve. Unable to tolerate this defiance any further, Taejong at last had no choice but to strip his first son of the title of crown prince and replace him with his third son, Ido. Ido later became King Sejong, who is considered to be the greatest king in the history of the Joseon Dynasty.

The Veritable Records of the Joseon Dynasty

In the Joseon Dynasty, there were always officials who followed and monitored the king. They slept in the room adjacent to where the king slept, and they attended every meeting the king held. The king could not go hunting or meet a person secretly without these officials being present.

Total of eight officials, relatively low-ranking ones whose grades ranged from Jeong 7th to Jeong 9th, were called 'Sagwan,' and in rotation they observed and recorded all the details of daily events that involved the king, things that the king said, and things that happened to him. The authority and confidentiality of these officials were guaranteed by the system, and their work was not to be intervened or interrupted by others. The drafts created by them were called 'Sacho.' Even the king was not allowed to read those drafts, and the compilation process only began after the king's death.

When the king passed away, the highest ranking governmental official would be appointed as the chief historical compiler. A research team would collect all the drafts and relevant supporting materials, select important records with historical significance, and organize them in a chronological order. The finished product was usually called 'Sillok,' which means veritable records.

These "Annals" were created under strict regulations and protocols. Total of five sets were published. One set was kept in the king's palace, and the rest of them were stored in special repositories located in remote mountains far from the capital, in order to avoid possible damages in a disaster. Although only four copies were made in the beginning, when three sets out of four were incinerated during the war with the Japanese in the 1590s, Joseon began to make five copies to prevent the same problem.

The Veritable Records of the Joseon Dynasty features a most magnificent scale, as it is a record of all the events that occurred over 472 years, from the reign of King Taejo to the reign of the 25th King Cheoljong (1392~1863). It consists of 1,893 volumes and 888 books (total of 64 million Chinese characters).

The Veritable Records of Joseon was allowed to be read in only special occasions. But if it was so, why did they put such a tremendous amount of effort into recording their own history? And why would such efforts have continued throughout the history of Joseon? The people of Joseon must have thought it was very important to live a life that would not be shameful to their own descendants.

Source: A Korean History for International Readers, Humanist, 2010.

세계기록유산, 《조선왕조실록》

《조선왕조실록》이란?

《조선왕조실록》은 국보 제151호이자 유네스코 세계기록유산(1997년 지정)으로 조선 건국에서부터 철종까지 472년간을 편년체로 서술한 역사 기록물이다. 총 1,893권, 888책이며, 한글로 번역할 경우 300여 쪽의 단행본 400권을 훌쩍 넘는 분량이다. 철종 이후의 기록인 《고종실록》과 《순종실록》도 있으나 이것은 일본의 지배하에 편찬된 터라 통상 《조선왕조실록》으로 분류하지 않는다. 《단종실록》, 《연산군일기》, 《선조실록》, 《철종실록》처럼 기록이 부실한 경우도 있는데 정변이나 전쟁, 세도정치라는 시대 상황이 낳은 결과이다. 또한 《선조수정실록》, 《현종개수실록》, 《숙종실록보궐정오》, 《경종수정실록》처럼 뒷날에 집권한 당파의 요구에 의해 새로 편찬된 경우도 있다. 하지만 원본인 《선조실록》, 《현종실록》, 《숙종실록》, 《경종실록》을 폐기하지 않고 함께 보존함으로써 당대를 더욱 정확히 알게 해준다. 이렇듯 《조선왕조실록》은 그 기록의 풍부함과 엄정함에 더해 놀라운 기록 보존 정신까지 보여주는 우리 선조들의 위대한 유산이다.

《조선왕조실록》은 어떻게 기록되었나?

조선은 왕이 사관이 없는 자리에서 관리를 만나는 것을 엄격히 금지했다. 또한 왕은 원칙적으로 사관의 기록(사초)을 볼 수 없었다. 신하들도 마찬가지여서 실록청 담당관을 제외하고는 누구도 볼 수 없었다. 그래서 사관들은 왕이나 권력자의 눈치를 보지 않고 보고 들은 일들을 있는 그대로 기록할 수 있었다. 왕이 죽으면 실록청이 만들어지고 모든 사관의 사초가 제출된다. 여기에 여타 관청의 기록까지 참조하여 실록이 편찬된다. 해당 실록이 완성되고 나면 사초는 모두 물에 씻겨졌다(세초). 이렇게 만들어진 실록은 여러 곳의 사고에 나누어 보관되는데, 이 또한 후대 왕은 물론 신하들도 열람할 수 없도록 했다. 선대의 왕들에 대한 기록이나 평가로 인해 필화 사건이 생기지 않도록 한 것이다. 이 같은 원칙들이 철저히 지켜졌기에 《조선왕조실록》이 오늘날까지 존재할 수 있었다.

도움을 받은 책들

《국역 조선왕조실록 CD-ROM》, 서울시스템주식회사, 1995.
《국역·원전 고려사 CD-ROM》, 서울시스템주식회사, 2000.
김희영, 《이야기 중국사》 10, 청아출판사, 1986.
박영규, 《조선의 왕실과 외척》, 김영사, 2003.
박영규, 《한 권으로 읽는 조선왕조실록》, 들녘, 1996.
변태섭, 《한국사통론》, 삼영사, 1986.
신명호, 《조선의 왕》, 가람기획, 1998.
윤정란, 《조선의 왕비》, 차림, 1999.
이덕일, 《사화로 보는 조선 역사》, 석필, 1998.
이성무, 《조선왕조사》 1, 동방미디어, 1998.
이이화, 《이야기 인물 한국사》 5, 한길사, 1993.
이이화, 《이이화의 한국사 이야기》 8, 한길사, 1999.
이이화, 《이이화의 한국사 이야기》 9, 한길사, 2000.
이재황, 《재편집 조선왕조실록》 1, 청간미디어, 2001.
임용한, 《조선 국왕 이야기》, 혜안, 1998.
장영훈, 《왕릉풍수와 조선의 역사》, 대원미디어, 2000.
조유식, 《정도전을 위한 변명》, 휴머니스트, 2014(초판 푸른역사, 1997).
최범서, 《야사로 보는 조선의 역사》 1, 가람기획, 2003.
한국고문서학회, 《조선시대 생활사》, 역사비평사, 1996.

박시백의 조선왕조실록

팟캐스트로 예습 + 복습! 재미와 감동 두 배!

역사 전문 수다 방송 〈팟캐스트 박시백의 조선왕조실록〉

350만 독자가 환호한 국민 역사교과서 《박시백의 조선왕조실록》을 오디오로 만나보세요. 《조선왕조실록》을 통독한 박시백 화백의 예리한 안목, 조선사 전문가 신병주 교수의 풍부한 역사 상식, 전방위 지식인 남경태 선생의 종횡무진 상상력이 김학원 휴머니스트 대표의 재치 있는 진행과 만나 《조선왕조실록》에 대한 밀도 있는 음성 아카이브를 만들어냅니다.

청취자가 말하는 "나에게 팟캐스트 조선왕조실록이란?"

타임머신조선 활자와 그림으로만 보던 인물들이 팟캐스트 속에서 살아납니다.
여사마 학생들에게 한국사 관련 재미있는 에피소드와 사례 등을 알려줄 수 있어 좋아요.
혀기 역사에 대해 편협했던 시각이 좀 더 넓어지고 유연해진 것 같습니다.
쿠쿠쿠다스 팟캐스트 형식의 자유로움을 더한 역사 콘텐츠라 구미가 착착 당깁니다.

박시백의 조선왕조실록

대한민국 최고의 역사 방송 '팟캐스트 박시백의 조선왕조실록'
〈네이버 TV〉와 〈네이버 오디오클립〉, 〈팟빵〉에서 들으실 수 있습니다.

| NAVER | 팟캐스트 박시백의 조선왕조실록 | 검색 |

⟨팟캐스트 박시백의 조선왕조실록⟩을
들으며 함께 읽으면 좋은 책

⟨팟캐스트 박시백의 조선왕조실록⟩을 더욱 풍성하게 만들어준 여섯 권의 책,
⟨외전⟩편에서 저자와 함께 나눈 대화는 조선사에 대한 더 깊은 이해를 도와줍니다.

식탁 위의 한국사 메뉴로 본 20세기 한국 음식문화사
주영하 지음 | 572쪽 | 29,000원

우리는 지난 100년간 무엇을 먹어왔을까? 근대인의 밥상에서 현대인의 식탁까지, 일상 속 음식의 역사와 그에 투영된 역사와 문화까지 읽을 수 있다.

고문서, 조선의 역사를 말하다 케케묵은 고문서 한 장으로 추적하는 조선의 일상사
전경목 지음 | 400쪽 | 20,000원

저자는 한 장의 고문서로 거대 역사 속에 가려진 조선의 일상을 한 장면 한 장면 복원한다. 저자의 추리와 독해를 따라가다 보면 평범한 사람들의 소소한 일상과 만나게 된다.

정도전을 위한 변명 혁명가 정도전, 새로운 나라 조선을 설계하다
조유식 지음 | 416쪽 | 19,000원

정도전의 삶과 죽음을 집요하게 파고든 파란만장한 기록이 그의 목소리를 대신해 역사의 진실을 들려준다.

벽광나치오 한 가지 일에 미쳐 최고가 된 사람들
안대회 지음 | 500쪽 | 24,000원

조선을 지배한 성리학 이데올로기에서 벗어나 자신의 영역에서, 자신의 시선으로, 자신의 시대를 풍미한 조선의 문화적 리더들.

자저실기 글쓰기 병에 걸린 어느 선비의 일상
심노숭 지음 | 안대회 김보성 외 옮김 | 764쪽 | 32,000원

조선 후기를 온몸으로 살아간 심노숭의 삶과 격동기의 실상을 상세히 기록한 자서전

민주공화국 대한민국의 탄생 우리 민주주의는 언제, 어떻게 시작되었나?
김육훈 지음 | 284쪽 | 15,000원

역사 속에서 실천하고 싸우며 만든 민주공화국의 살아 있는 의미는 무엇일까?
19세기 말에서 정부 수립까지 우리 역사 속 민주주의의 뿌리를 알려준다.

박시백의 조선왕조실록 3 태종실록

1판 1쇄 발행일 2004년 2월 28일
2판 1쇄 발행일 2015년 6월 22일
3판 1쇄 발행일 2021년 3월 15일
4판 1쇄 발행일 2024년 6월 24일

지은이 박시백

발행인 김학원
발행처 (주)휴머니스트출판그룹
출판등록 제313-2007-000007호(2007년 1월 5일)
주소 (03991) 서울시 마포구 동교로23길 76(연남동)
전화 02-335-4422 **팩스** 02-334-3427
저자·독자 서비스 humanist@humanistbooks.com
홈페이지 www.humanistbooks.com
유튜브 youtube.com/user/humanistma **포스트** post.naver.com/hmcv
페이스북 facebook.com/hmcv2001 **인스타그램** @humanist_insta

편집주간 황서현 **편집** 최인영 박나영 강창훈 김선경 이영란 **디자인** 김태형 **사진** 권태균 **영문 초록** 최지희
번역 감수 김동택 David Elkins **조판** 프린웍스 **용지** 화인페이퍼 **인쇄** 삼조인쇄 **제본** 해피문화사

ⓒ 박시백, 2024

ISBN 979-11-7087-165-1 07910
ISBN 979-11-7087-162-0 07910(세트)

- 이 책은 저작권법에 따라 보호받는 저작물이므로 무단 전재와 무단 복제를 금합니다.
- 이 책의 전부 또는 일부를 이용하려면 반드시 저자와 (주)휴머니스트출판그룹의 동의를 받아야 합니다.

조선왕조실록 가계도 및 주요 인물
태종

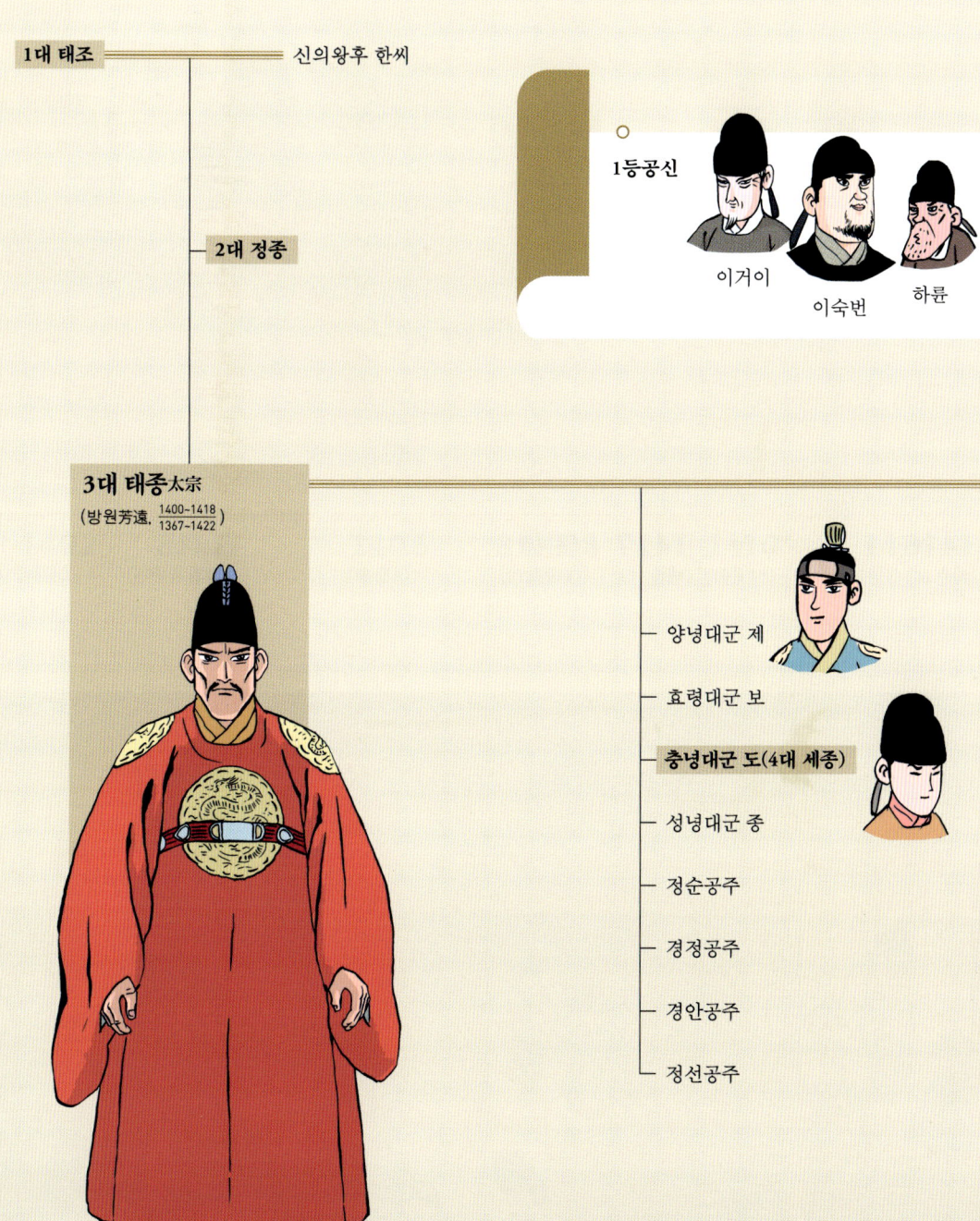

1대 태조 ─── 신의왕후 한씨

1등공신: 이거이, 이숙번, 하륜

2대 정종

3대 태종 太宗
(방원 芳遠, 1400~1418, 1367~1422)

- 양녕대군 제
- 효령대군 보
- **충녕대군 도(4대 세종)**
- 성녕대군 종
- 정순공주
- 경정공주
- 경안공주
- 정선공주

( ) 이름, 재위년 생몰년　═══ 배우자　│ 직계

영무

원경왕후 민씨
1365~1420
　　　　　　　후궁 11명

└ 서 8남 13녀

태종의 처가

민무회　민무휼
민무구　민제　민무질
태종의 장인 민제와 네 처남

조선왕조실록 연표
태종

- 조사의의 난
  태조가 합세하는 등 반군이 우세했으나, 관군의 제압으로 실패
- 태상왕(이성계) 사망
- 6조직계제 실시
- 하륜 사망
- 양녕대군을 폐함

| 1402 (태종 2) | 1405 (태종 5) | 1406 (태종 6) | 1408 (태종 8) | 1410 (태종 10) | 1414 (태종 14) | 1416 (태종 16) | 1417 (태종 17) | 1418 (태종 18) | 1418 (세종 즉위년) |

- 창덕궁 완공, 한양 재천도
- 태종, 선위 파동
- 민무구와 민무질 자진
- 민무회와 민무휼 자진
- 양녕대군의 비행
  양녕대군이 어리를 왕세자궁에 둔 사실이 발각됨
- 세종 즉위
  세자가 된 지 두어 달밖에 되지 않은 충녕대군이 임금에 등극

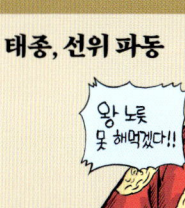

조선왕조실록 가계도 및 주요 인물
태종

( ) 이름, 생몰년 / 재위년 ── 배우자 │ 직계

1대 태조 ─── 신의왕후 한씨

2대 정종

1등공신
이거이 · 이숙번 · 하륜 · 조영무

3대 태종太宗
(방원芳遠, 1400~1418 / 1367~1422)

― 양녕대군 제
― 효령대군 보
― **충녕대군 도(4대 세종)**
― 성녕대군 종
― 정순공주
― 경정공주
― 경안공주
― 정선공주

원경왕후 민씨 1365~1420

후궁 11명

― 서 8남 13녀

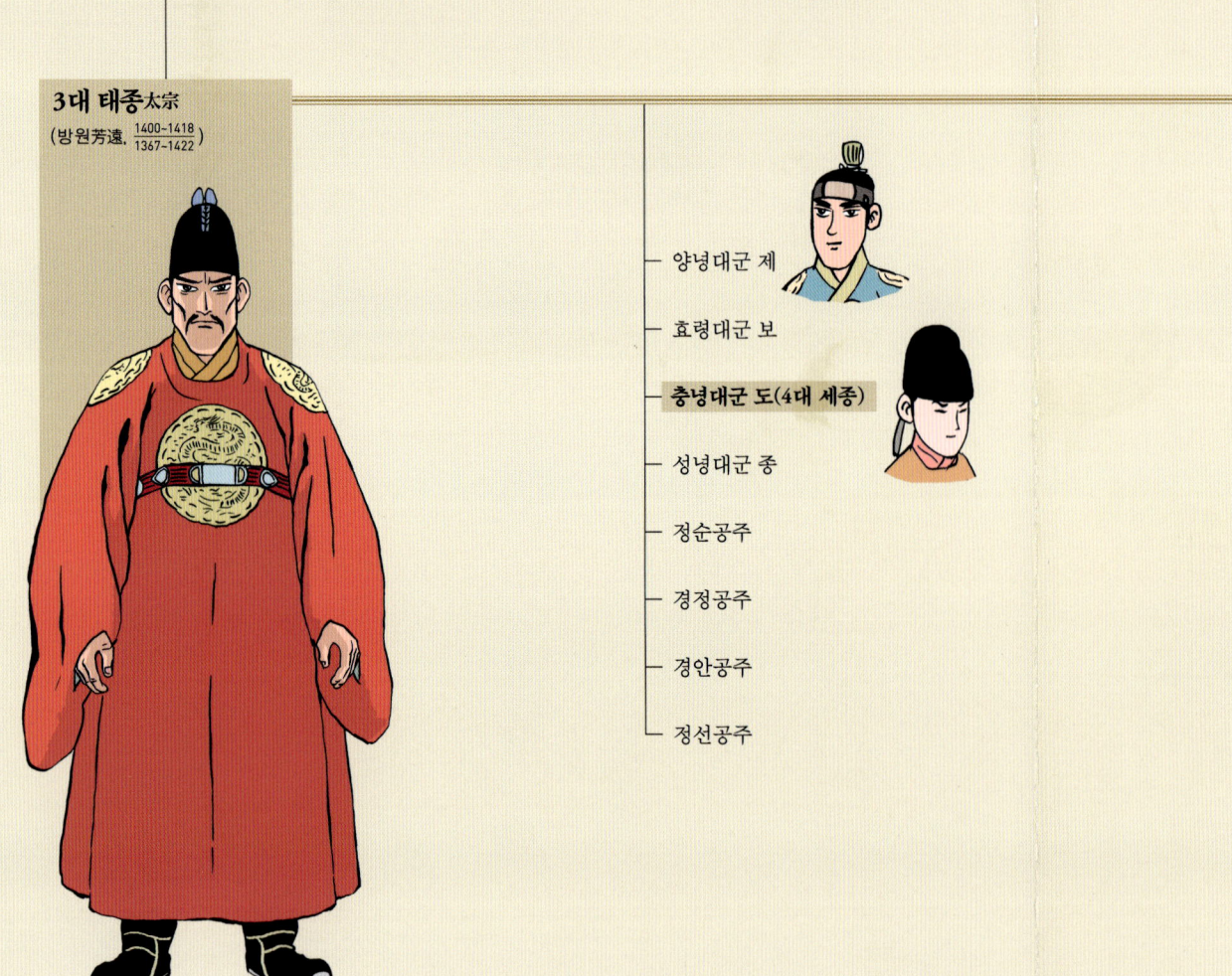

태종의 처가
민무구 · 민제 · 민무질 · 민무회 · 민무휼
태종의 장인 민제와 네 처남